まちごとチャイナ

Liaoning 003 Dalian City
大連市街

「満鉄」の面影偲んで

Asia City Guide Production

【白地図】遼東半島と大連

CHINA
遼寧省

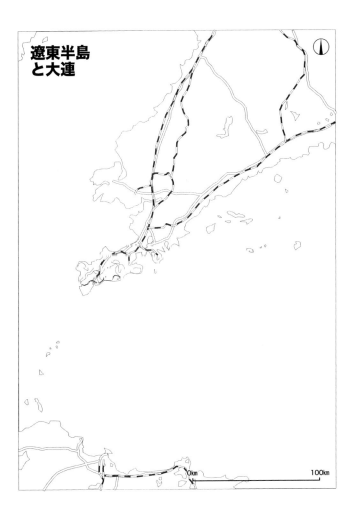

【白地図】大連

CHINA
遼寧省

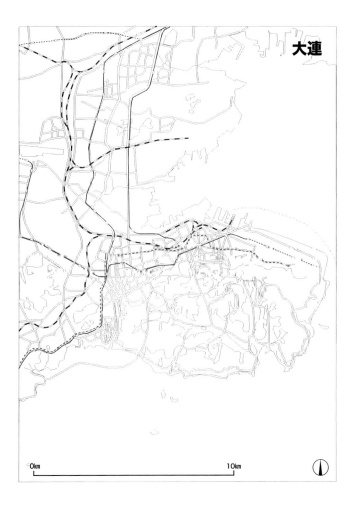

【白地図】大連中心部

CHINA
遼寧省

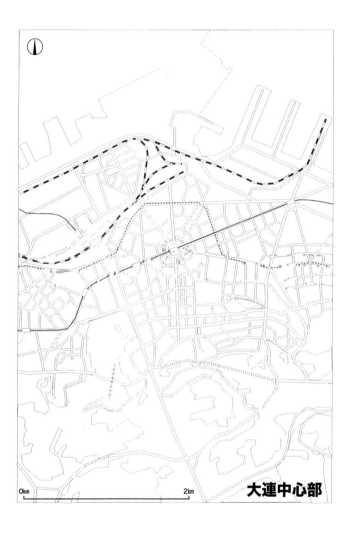

【白地図】中山広場

CHINA
遼寧省

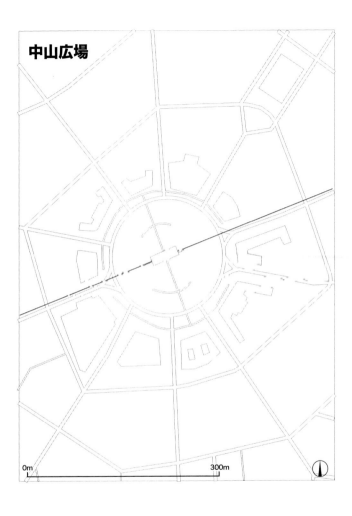

【白地図】勝利橋

CHINA
遼寧省

勝利橋

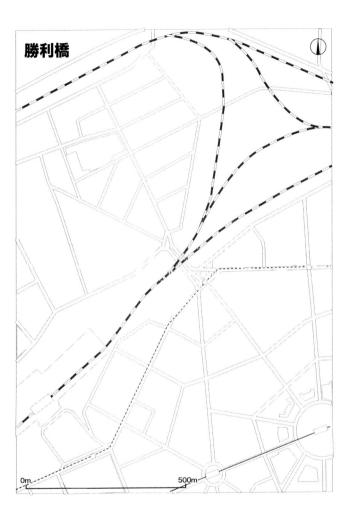

Dalian City 白地図

【白地図】大連駅

CHINA
遼寧省

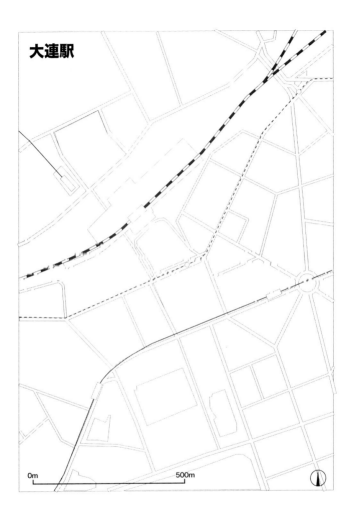

【白地図】市街東部

CHINA
遼寧省

市街東部

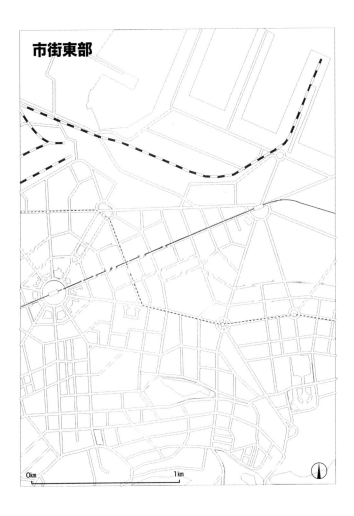

Dalian City 白地図

【白地図】魯迅路

CHINA
遼寧省

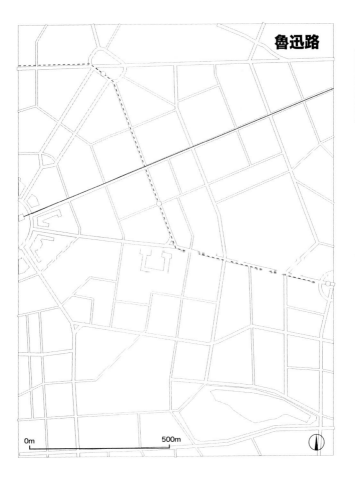

【白地図】大連港

CHINA
遼寧省

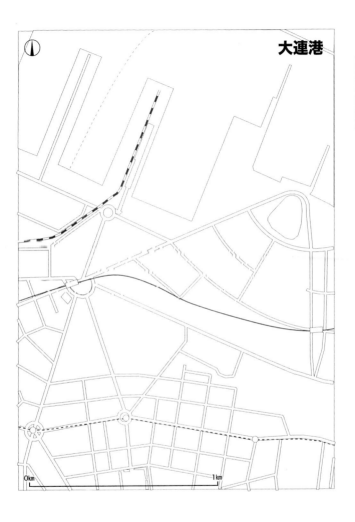

【白地図】市街西部

CHINA
遼寧省

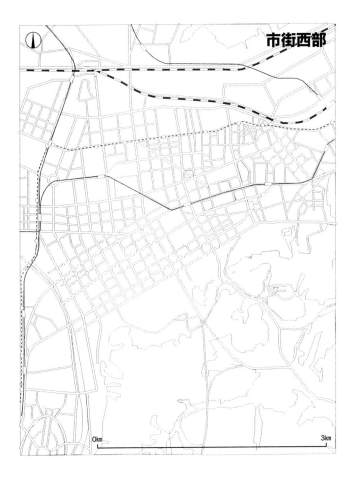

市街西部

Dalian City 白地図

【白地図】人民広場

CHINA
遼寧省

【白地図】西安路

CHINA
遼寧省

西安路

Dalian City 白地図

【白地図】星海

CHINA
遼寧省

星海

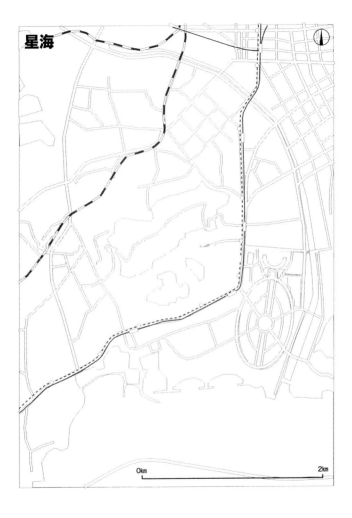

【白地図】大連高新園区

CHINA
遼寧省

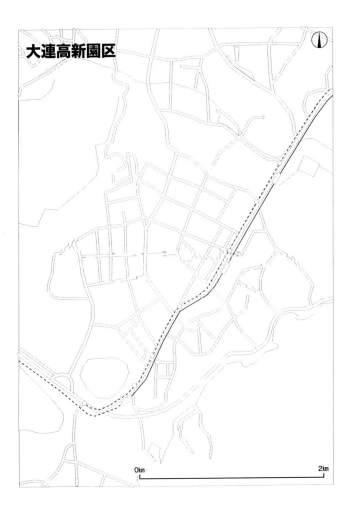

【まちごとチャイナ】
遼寧省 001 はじめての遼寧省
遼寧省 002 はじめての大連
遼寧省 003 大連市街
遼寧省 004 旅順
遼寧省 005 金州新区
遼寧省 006 はじめての瀋陽
遼寧省 007 瀋陽故宮と旧市街
遼寧省 008 瀋陽駅と市街地
遼寧省 009 北陵と瀋陽郊外
遼寧省 010 撫順

CHINA
遼寧省

円形の中山広場から放射状に街路が伸びる大連市街。この地には長いあいだ漁村がたたずむだけだったが、1898年、ロシアが清朝から租借したことで発展がはじまり、日露戦争後の1905年、日本の植民都市となった(ロシア語で「遠方の」を意味するダールニーをへて、日本が大連と名づけた)。

このとき街づくりを進めたのが満鉄(南満州鉄道株式会社)で、中国東北地方の物資を集散し、積み出しを行なうなど大連は上海に続く港湾都市へと成長を遂げた。満州への表玄関

大连城市 dà lián chéng shì
ダァーリエンチャンシィ
大連市街
Dalian City

にあたる大連には、多くの日本人が移住していたが、1945年の敗戦後、引き揚げることになった。

こうした経緯から他の中国の街にくらべても、大連はとりわけ日本との関わりが強く、満鉄本社、横浜正金銀行など旧日本統治時代の建築が今でも残っている。また植民都市として発展したことから、香港にもくらべられ、「北方の真珠」とたとえられる。

【まちごとチャイナ】

遼寧省 003 大連市街

目次

大連市街	xxx
北方の巨大港湾都市	xxxvi
中山広場鑑賞案内	xlvii
ロシア街城市案内	lxiii
大連駅城市案内	lxxv
魯迅路城市案内	lxxxviii
大連港城市案内	cvi
人民広場城市案内	cxvi
星海城市案内	cxxix
大連郊外城市案内	cxxxviii
満州を経営した株式会社	cxlii

【MEMO】

【地図】遼東半島と大連

CHINA
遼寧省

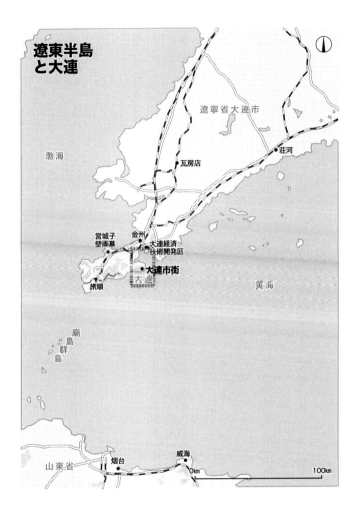

北方の巨大港湾都市

CHINA
遼寧省

西に渤海、東に黄海、南に海を越えて山東半島へ続く大連
近代、ここで南下するロシアと日本の権益がぶつかった
両国が中国へ進出するなかで大連は育まれた

大連の地形

北京や天津へを守るように伸びる遼東半島の南端に位置する大連。三方向を海に囲まれ、20世紀初頭以来、商業港として発展してきた（山稜が海岸線までせまる地形の開発にあたっては、山を削って地ならしがされ、港湾が整備された）。南山の北山麓に市街が展開し、その中心に中山広場が位置する。日本の仙台と同緯度の北緯39度にあたり、湿気が少なく、四季の変化がはっきりしている。また大連が形成される以前から、市街北の大連湾に関する記録が残り、ロシアのダールニーという地名もこの湾に由来するとされる。

Dalian City 北方の巨大港湾都市

ロシア・日本・大連

「北方の香港」「北海の真珠」とたとえられる大連。南方の香港がイギリスの植民都市として発展したのに対し、この街はロシアの植民都市としてはじまった（19世紀、イギリスとロシアは世界の覇権をかけて争い、ともに中国への進出を目指していた）。1895年、日清戦争後の下関条約で、日本は大連をふくむ遼東半島を獲得したが、三国干渉で清国に返還することになった。その後の1898年、99年の期限つきでロシアの租借地となり、シベリア鉄道の支線である東清鉄道が大連まで敷かれることになった（1年を通して不凍港の大連獲

CHINA
遼寧省

得はロシアの悲願だった。香港九龍も 1898 年に 99 年の期限つきでイギリスに租借された)。このロシアの租借地と東清鉄道の南半分は、日露戦争後の 1905 年に日本に引き継がれ、以後、日本による都市建設が進んだ。

美しき計画都市

中山広場から放射状に伸びる街区は、ロシアのサハロフ技師の指導でパリを意識して計画された。大連には大小あわせて 50 以上の広場があり、それらは直線の道路で結ばれている(できる限り信号をおかず、交通がスムーズに流れるよう設

▲左 アカシアの木はじめ豊かな樹木が茂る。　▲右 中山広場に面して立つ満鉄による旧ヤマトホテル

計されている)。この都市プランは、日本時代にも受け継がれ、関東都督府と満鉄によって官庁、大連港、鉄道駅、市街地などが整備された。ロシアが街を開発するにあたって、街路にアカシア(ニセアカシア)が植えられ、その美しい景観から「アカシアの大連」と親しまれた。

Dalian City　北方の巨大港湾都市

【地図】大連

【地図】大連の [★★★]
- ☐ 中山広場 中山广场 チョンシャングァンチャン

【地図】大連の [★★☆]
- ☐ 大連駅 大连站 ダァーリエンチャン
- ☐ 大連港 大连港 ダァーリエングァン
- ☐ 星海広場 星海广场 シンハイグァンチャン

【地図】大連の [★☆☆]
- ☐ 大連湾 大连湾 ダァーリエンワン
- ☐ 大連国際会議中心 大连国际会议中心 ダァーリエングゥオジイフイィィチョンシン
- ☐ 大連女子騎警基地 大连女子骑警基地 ダァーリエンニュウズゥチイジンジィディ
- ☐ 人民広場 人民广场 レンミングァンチャン
- ☐ 西安路 西安路 シイァァンルウ
- ☐ 大連高新技術産業園区 大连高新技术产业园区 ダァーリエンガオシンジィシュウチャンイェユェンチュウ
- ☐ 老虎灘 老虎滩 ラオフゥタン
- ☐ 棒錘島 棒棰岛 バンチュイダオ
- ☐ 大連周水子国際空港 大连周水子国际机场 ダァーリエンチョウシュイズゥグゥオジィジイチャン
- ☐ 甘井子 甘井子 ガンジンズゥ

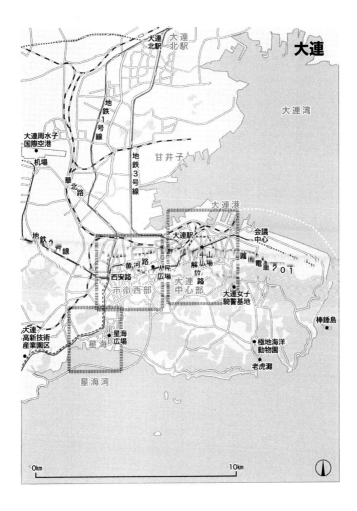

Dalian City

北方の巨大港湾都市

【地図】大連中心部の [★★★]

- ☐ 中山広場 中山广场チョンシャングァンチャン
- ☐ 大連満鉄旧跡陳列館（旧南満州鉄道株式会社本社本館）
  大连满铁旧迹陈列馆
  ダァーリエンマンティエジュウジイチャンリエガン

【地図】大連中心部の [★★☆]

- ☐ 大連芸術展覧館（旧東清鉄道汽船会社）
  大连芸术展览馆
  ダァーリエンユンシュウチャンラングァン
- ☐ 大連駅 大连站ダァーリエンチャン
- ☐ 大連観光塔 大连观光塔ダァーリエンガングァンタァ
- ☐ 大連港 大连港ダァーリエングァン

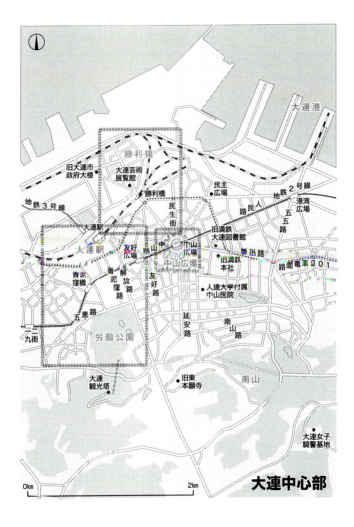

大連中心部

【地図】大連中心部の ［★☆☆］

- ☐ 勝利橋 胜利桥 シェンリィチャオ
- ☐ 旧大連市政府大楼 大连市政府旧址 ダァーリエンシィチェンフゥジュウチィ
- ☐ 青泥窪路 青泥洼路 チンニワールゥ
- ☐ 友好広場 友好广场 ユウハオグァンチャン
- ☐ 労働公園 劳动公园 ラオドンゴンユェン
- ☐ 魯迅路 鲁迅路 ルゥシュンルゥ
- ☐ 大連図書館日本文献資料館 大连图书馆日本文献资料馆 ダァーリエントゥシュウグァンリイベンウェンシャンチィリャオグァン
- ☐ 人民路 人民路 レンミンルゥ
- ☐ 大連大学付属中山医院 大连大学附属中山医院 ダァーリエンダァシュエフゥシュウチョンシャンイィユェン
- ☐ 旧東本願寺 东本愿寺旧址 ドンベンユゥァンスージュウチィ
- ☐ 大連女子騎警基地 大连女子骑警基地 ダァーリエンニュウズゥチイジンジィディ

【MEMO】

【MEMO】

Guide,
Zhong Shan Guang Chang
中山広場
鑑賞案内

大連の中心に位置する中山広場
銀行、市役所などが一堂に会する
この街がいい、臓部として携営された

中山広場 中山广场
zhōng shān guǎng chǎng チョンシャングァンチャン［★★★］
大連の都市建設にあたって、1899年、その中心となるように設計されたのが中山広場で、ロシア時代はニコライフスカヤ広場、日本統治時代は大広場と呼ばれていた。この広場の直径は約700フィート（約210 m）で、広場周囲の10の街区のうち、9街区は日本統治時代に整備された（街路の延長上のひとつが、大連北東の名峰大黒山に向かっているという）。都市をつくるうえでの財政をつかさどった横浜正金銀行、大連を来訪した賓客が宿泊したヤマトホテル、大連の行

【地図】中山広場

【地図】中山広場の [★★★]
- 中山広場 中山广场 チョンシャングァンチャン

【地図】中山広場の [★★☆]
- 旧横浜正金銀行大連支店 横滨正金银行大连支店旧址 ハンビンチェンジンインハンダァーリエンチィディエンジュウチィ
- 旧大連ヤマトホテル 大连大和旅馆旧址 ダァーリエンダァハァリュウグァンジュウチィ

【地図】中山広場の [★☆☆]
- 旧大連市役所 大连市役所旧址 ダァーリエンシィイィシュオジュウチィ
- 旧東洋拓殖株式会社大連支店 东洋拓殖株式会社大连支店旧址 ドンヤントゥオチィチュウシィフイシャダァーリエンチィディエンジュウチィ
- 旧朝鮮銀行大連支店 朝鲜银行大连支店旧址 チャオシェンインハンダァーリエンチィディエンジュウチィ
- 上海路 上海路 シャンハイルゥ
- 人民路 人民路 レンミンルゥ
- 魯迅路 鲁迅路 ルゥシュンルゥ

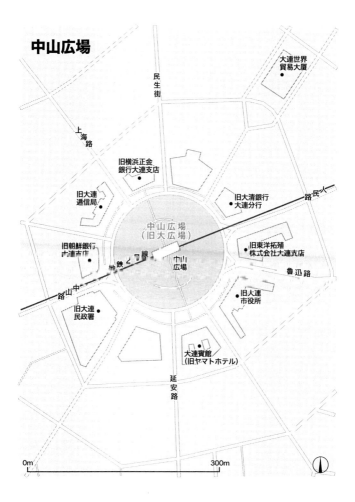

CHINA
遼寧省

政を行なった市役所など、日本の植民地支配の象徴とも言える建物が広場をとり囲んでいる。

日本が継承した壮大な都市計画

日露戦争に勝利したのち、満州軍総参謀長だった児玉源太郎は「(大連の街づくりを) ロシア以上にやるのがよいだろう」と述べ、それまでの日本にない壮大な都市計画が進められた。日本人建築家が海を渡り、中心の大広場に大連民政署、続いて横浜正金銀行、ヤマトホテルが建設された(イギリス領事館と中国系の大清銀行が例外だった)。これらの欧風建築は、

▲左 かつて世界に名だたる影響力をもった旧横浜正金銀行。　▲右 頂部は祇園祭の山車をイメージしたという大連市役所

当時の日本でもあまり見られなかった様式で、東アジアでも最先端をいく大連の象徴になった（レンガは耐火性に優れ、大連近くで調達できた）。また港湾都市であることから、ねずみによるペスト、赤痢やチフスなどの伝染病への対策のため下水道が整備されるなど、いち早く近代化が進められた。20世紀初頭の大連の人口増加率、膨張率はシカゴ市につぐほどのものだったと言われる。

CHINA
遼寧省

旧横浜正金銀行大連支店 横滨正金银行大连支店旧址
héng bīn zhèng jīn yín háng dà lián zhī diàn jiù zhǐ
ハンビンチェンジンインハンダァーリエンチィディエンジュウチィ［★★☆］

横浜正金銀行は1880年、外国為替専門の国策会社として誕生し、戦前は香港上海銀行やチャータード銀行とともに世界三大為替銀行と称された（当事者が直接現金を受払いすることなく、遠隔地間で決済することを為替と言い、横浜正金銀行は外国為替を専門とした）。日露戦争のさなかの1904年に大連支店を開設し、銀行券の発行、軍票の交換事務、満鉄の出納などを行ない、大連のほか、瀋陽、営口、長春、ハルビ

▲左 旧大連民政総署、今も当時の建築が使われている。　▲右 大連の街歩きの起点になる中山広場

ン、青島、北京、天津、上海、南京、広州、香港などに店舗をもっていた。現在、中山広場に残る旧横浜正金銀行大連支店は、1907年、妻木頼黄の基本設計のもと建設され、植民都市として発展した大連のなかでも一際目立つ存在となっている。

産業の育成と銀行

1886年の明治維新で江戸から明治へ時代が遷ると、日本にも近代銀行が設立され、中央銀行の日本銀行、外国為替専門の横浜正金銀行などが営業を開始した。鎖国体制がとられて

CHINA
遼寧省

いた江戸時代の日本では、近代産業がほとんどなく、銀行が資金を調達することで産業育成が行なわれた（日清、日露戦争の軍事費は、日本銀行からの借入金と公債を募集することで資金を調達した）。1895年、日清戦争の勝利で約3億円という莫大な賠償金が入ると、八幡製鉄所が建設されるなど、日本でも産業革命が進むことになった。また西原借款はじめ、日本は中国に対して借款を行ない、中国における鉄道利権や鉄鉱石の確保が目指された。

▲左 ホテルが迎賓館の役割を果たした、旧大連ヤマトホテル。　▲右　旧ヤマトホテル内のシャンデリアと大理石ロビー

旧大連ヤマトホテル 大连大和旅馆旧址 dà lián dà hé lǚ guǎn jiù zhǐ ダァーリエンダァハァリュウグァンジュウチィ[★★☆]

中山広場をはさんで旧横浜正金銀行のちょうど反対側に立つ旧大連ヤマトホテル（大和旅館）。20世紀初頭、ハルビンのモデルンホテルとならんで満州随一の格式をもっていたホテルとして知られ、リットン調査団、夏目漱石はじめ多くの著名人が宿泊している。ロシア統治時代のダールニーホテルを日本の満鉄が改修して経営し、現在は大連賓館として開館し、大理石のロビー、豪華なシャンデリアなどが当時の面影を残している。大連のほか星が浦（大連星海）、旅順、瀋陽、長春、

CHINA
遼寧省

ハルビンなどにもヤマトホテルがあった。

日本の国力を示したホテル

大連の都市建設をになったのが満鉄で、初代総裁についた後藤新平は、各地に一流ホテルの建設を命じた。当初、満鉄ホテルという名称も考えられたが、「（日本の固有名称である）ヤマトホテルとせよ」という後藤新平の強い意向があったという。満蒙を訪れる外国人に対する迎賓館の役割を果たすことから、このヤマトホテルでは西洋料理を出し、英語の通じるスタッフが応対するなど、日本の国力を示すため利益を度

外視して経営にあたった（贅沢すぎると批判されることもあったが、満鉄の他の事業でおぎなった）。大連の星海には海岸に面してリゾートホテルの星が浦ヤマトホテルが建設され、ゴルフ場も備えていた。

旧大連市役所 大连市役所旧址 dà lián shì yì suǒ jiù zhǐ
ダァーリエンシィイィシュオジュウチィ［★☆☆］

旧ヤマトホテルの北側に残る旧大連市役所。日本統治時代に建てられた建物で、中央の塔は京都の祇園祭の山車が意識されているという。

CHINA
遼寧省

旧東洋拓殖株式会社大連支店 东洋拓殖株式会社大连支店旧址
dōng yáng tuò zhí zhū shì huì shè dà lián zhī diàn jiù zhǐ
ドンヤントゥオチィチュウシィフイシャダァーリエンチィディエンジュウチィ ［★☆☆］

東洋拓殖株式会社は満鉄とならぶ国策会社で、1908年、韓国で設立された。1910年に韓国が併合されると、産業開発、拓殖のための土地の売買、管理や日本人移民事業などをとり行ない、植民地経営にあたった（日本人移民に移住費を貸しつけるなどした）。日本の満州進出が進むと、朝鮮銀行の満州進出とあいまって東洋株式会社も事業を大陸へと拡大させた。朝鮮と満州経済を統一する意図があったという。

▲左　手前が旧東洋拓殖株式会社、奥が旧大連市役所。　▲右　横浜正金銀行と覇権を争った朝鮮銀行

旧朝鮮銀行大連支店 朝鲜银行大连支店旧址
cháo xiǎn yín háng dà lián zhī diàn jiù zhǐ
チャオシェンインハンダァーリエンチィディエンジュウチィ ［★☆☆］

中国各地に支店を構え、横浜正金銀行と金融をめぐる覇権争いを行なった朝鮮銀行。日韓併合後の韓国と大連を中心とする関東州で中央銀行の役割を果たし、日本銀行券と等価の朝鮮銀行券が大連と関東州の通貨として流通していた（当時、世界の趨勢が金本位制だった時代、中国だけは銀本位制が根強く残っていた。そのため中国人の親しんだ銀本位の通貨を押す横浜正金銀行と、日本や世界の通貨と同じ金本位を押す

CHINA
遼寧省

朝鮮銀行が戦ったが、結果、1917年、金本位の朝鮮銀行大連支店に発券業務が移管された)。

【MEMO】

Guide,
E Luo Si Feng Qing Jie
ロシア街
城市案内

大連建設をはじめたロシア人たちが暮らした旧ロシア街
ロシア風の建物が残り
今でもキリル文字が見られる

上海路 上海路 shàng hǎi lù シャンハイルゥ ［★☆☆］
中山広場から北西に伸びる上海路（旧大山通り）。勝利橋からかつてのヨーロッパ人街（旧ロシア人街）へ続き、途中、大連随一の繁華街である天津街と交差する。

旧大連中央郵便局 大连邮便局旧址 dà lián yóu biàn jú jiù zhǐ ダァーリエンヨウビィァンジュウジュウチィ ［★☆☆］
勝利橋に向かいあうように立つ旧大連中央郵便局。当初、この建物の目前に大連駅があり、ここから中山広場へ続く動線が大連の中心となっていた。旧大連中央郵便局は日本人建築

【地図】勝利橋

【地図】勝利橋の [★★★]
- ☐ 旧ロシア人街 俄罗斯风情街オォロスフェンチンジエ
- ☐ 中山広場 中山广场チョンシャングァンチャン

【地図】勝利橋の [★★☆]
- ☐ 大連芸術展覧館（旧東清鉄道汽船会社）
  大连芸术展览馆ダァーリエンユンシュウチャンラングァン
- ☐ 大連駅 大连站ダァーリエンチャン

【地図】勝利橋の [★☆☆]
- ☐ 上海路 上海路シャンハイルゥ
- ☐ 旧大連中央郵便局 大连邮便局旧址
  ダァーリエンヨウビィァンジュウジュウチィ
- ☐ 勝利橋 胜利桥シェンリィチャオ
- ☐ 旧大連市長官邸 大连市长官邸旧址
  ダァーリエンシィチャングァンディジュウチィ
- ☐ 旧大連市政府大楼 大连市政府旧址
  ダァーリエンシィチェンフゥジュウチィ
- ☐ 友好広場 友好広场ユウハオグァンチャン

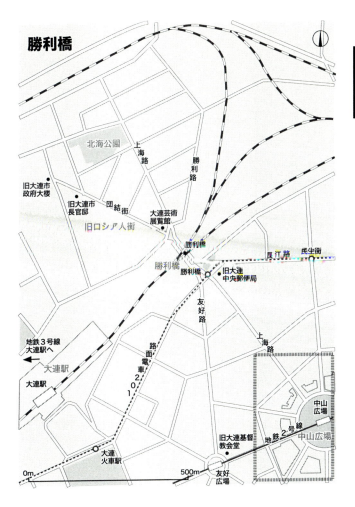

CHINA
遼寧省

家の設計で1929年に完成し、大連の郵便通信業務を行なっていた。

勝利橋 胜利桥 shèng lì qiáo シェンリィチャオ ［★☆☆］
勝利橋は鉄道をまたいでロシア街（旧ヨーロッパ人街）と中山広場（旧官庁街）を結ぶ交通の要で、日本統治時代に架けられた全長108.6 mの陸橋。この橋の建設にあたって、ロシアの当初の計画では幅54mだったが、当時、日本有数の両国橋ですら16 m（九間）だったため、あいだをとって幅22 m（十二間）で建設がはじめられた。20世紀初頭の日本で

▲左 勝利橋を行き交う車、かつて日本橋という名称だった。　▲右　旧大連中央郵便局、日本からの郵便も多かった

は見られなかった鉄筋コンクリート製の5連続アーチの姿をしていて、この橋を見た夏目漱石は「欧州の中心でなければ見られさうもない程に、雅にも丈夫にも出来ている」(『満韓ところどころ』)と記している。

旧ロシア人街 俄罗斯风情街
é luó sī fēng qíng jiē オォロスフェンチンジエ [★★★]

1898年、ダールニーの都市建設をはじめたロシア人が住居を構えたのが旧ロシア人街(旧児玉町)。東清鉄道技師長サハロフによる都市の街区ができあがると、ロシア人だけでは

遼寧省

なくヨーロッパ人にも土地を売ったことから、このあたりはヨーロッパ人街となっていた。旧東清鉄道汽船会社やロシア風建築が残り、現在でもロシア語の看板が目立つ。

**大連芸術展覧館（旧東清鉄道汽船会社）大连芸术展览馆
dà lián yún shù zhǎn lǎn guǎn
ダァーリエンユンシュウチャンラングァン［★★☆］**

大連芸術展覧館はロシアの東清鉄道汽船会社がおかれたところで、東清鉄道は鉄道業務をはじめ行政も担当する事実上の政府機能をもっていた（イギリス東インド会社はじめ、株式

▲左 大連芸術展覧館はロシアの東清鉄道汽船会社跡。 ▲右 ロシア風の建築が続く旧ロシア人街

会社が植民統治を行なうことがあった。満鉄もそれにならったという)。この建物がドイツ風の外観をもつのは、東清鉄道がダールニー建設のために呼んだドイツ人建築家が設計したことによる。日本統治時代は、大連倶楽部、満鉄日本橋図書館などに利用されていた。

ロシアの東方進出と東清鉄道

19世紀、ロシアはイギリスと世界の覇権をかけて争い、クリミア戦争に敗れたロシアは、1880年代からヨーロッパ南進ではなくアジアへの進出を本格化させた。世界の海を支配

CHINA
遼寧省

していたイギリスに対して、ロシアはユーラシア大陸を横断するシベリア鉄道を敷設し、太平洋の港ウラジオストクを獲得した(「東方を制圧せよ」の意味。冬に結氷期があった)。この鉄道はアジアとヨーロッパを海路よりも断然早く結び、さらに1896年、ウラジオストクへ遠回りせずに北満州を東西に走る短絡線の建設を清国に認めさせた。これが東清鉄道で、ハルビンから大連、旅順へ続く路線の管理も行ない、ロシアの極東支配の象徴的な鉄道となっていた(日清戦争で日本が獲得した遼東半島を、三国干渉で清国に返還させたのち、ロシアは不凍港の大連、旅順を獲得した)。

旧大連市長官邸 大连市长官邸旧址
dà lián shì zhǎng guān dǐ jiù zhǐ
ダァーリエンシィチャングァンディジュウチィ ［★☆☆］

大連の都市計画を建てた初代市長で建築技師サハロフが邸宅とした旧大連市長官邸（サハロフはウラジオストクの埠頭を築造した手腕を買われ、大連の街を設計した）。日露戦争以後、この街が日本に統治されることになると、満鉄総裁の邸宅となり、初代後藤新平をはじめ、中村是公、松岡洋右らが暮らした。またヤマトホテルが完成するまで日本や海外からの賓客はここでもてなされた。

CHINA
遼寧省

旧大連市政府大楼 大连市政府旧址
dà lián shì zhèng fǔ jiù zhǐ
ダァーリエンシィチェンフゥジュウチィ ［★☆☆］

旧ロシア街の北側の突きあたりに立つ旧大連市政府大楼。ロシアのダールニーの支配拠点として建てられ、はじめ東清鉄道事務所だったが、大連市役所、遼東守備軍司令部、関東州民政署、関東都督府民政部、満鉄本社、大連ヤマトホテル、大連医院、満州資源館、大連自然博物館というように何度も主を替えてきた（1907年、満鉄本社がおかれていたが、すぐに手ぜまになって魯迅路に引っ越し、それとともに街の中

▲左 ロシア、日本統治時代をへて今にいたる。　▲右 この街を象徴する建物のひとつ、旧大連市政府人楼

心が南へ移った）。ロシア統治時代から日本統治時代、中華人民共和国と歴史を刻んできた大連を象徴する建物だと言える。

Guide,
Da Lian Zhan
大連駅
城市案内

上野駅を思わせる外観をもつ大連駅
東北各地への列車がここに集まり
いつも多くの人でにぎわう大連の表玄関

大連駅 大连站 dà lián zhàn ダァーリエンチャン ［★★☆］
大連駅は日本統治時代の1937年に建設され、当時のたたずまいを今に伝えている。降車客を1階に乗車客を2階にというように乗降客の動線を立体的に分離する当時でも斬新な設計がされ、同時期に建てられた上野駅、小樽駅と外観が類似することも指摘される（現在、世界各地の空港などで同様の動線をわける方法がとられている）。規模の大きさ、発着列車の多さからかつて瀋陽、長春、旅順、撫順とともに五大停車場と呼ばれ、各地から物資がこの駅に集まっていた。大連港を通じて世界に通じていたこの街にあって、世界と中国東

【地図】大連駅

【地図】大連駅の [★★☆]
- ☐ 大連駅 大连站 ダァーリエンチャン
- ☐ 天津街 天津街 ティエンジンジエ

【地図】大連駅の [★☆☆]
- ☐ 青泥窪路 青泥洼路 チンニワールゥ
- ☐ 友好広場 友好广场 ユウハオグァンチャン
- ☐ 駅北広場 站北广场 チャンベイグァンチャン
- ☐ 労働公園 劳动公园 ラオドンゴンユェン
- ☐ 勝利橋 胜利桥 シェンリィチャオ

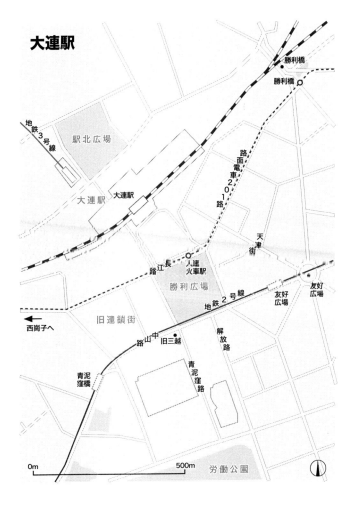

CHINA
遼寧省

北地方を結びつける接点でもあった。

超特急あじあ号

あじあ号は満鉄が開発し、1934年に走りはじめ大連から長春（満州国の首都）、ハルビンを結んだ特別急行列車。空気抵抗をおさえるため流線型のボディが採用され、自動ドアや空調が整備されるなど当時、世界最先端の技術が試みられた（産業革命を先に成功させた欧米諸国の鉄道に追いついた）。欧米の特別急行列車とならぶ平均時速82.6キロ、最高時速は120キロになり、大連と長春のあいだ（701km）を8時間

▲左　大連港に陸揚げされた魚介類が売られていた。　▲右　日本人が設計した大連駅

半で走った。あじあ号が満州の大地を走る様子は、日本に宣伝されて羨望の的となり、あじあ号開発の過程で培われた技術は、戦後、新幹線に受け継がれた。

路面電車の走る街

大連は長春や香港とともに路面電車が走る街として知られる。1908年、大連港から旧山県通り（人民路）、大連駅へいたる路線が開通し、やがて満鉄の工場があった沙河口、リゾート地の星が浦（星海）まで伸びた。運営にあたったのが大連電気鉄道（満鉄子会社）で、当時13路線が走っていたが、

遼寧省

現在は2路線となっている。路面電車は19世紀後半、産業革命を受け人口が増えた都市の新たな交通手段としてヨーロッパで広まり、かつて東京にも多くの路線があった。

青泥窪路 青泥洼路 qīng ní wā lù チンニワールゥ [★☆☆]
大連駅から南へ伸びる繁華街、青泥窪路。19世紀以前から大連湾に注ぐ川と窪地があり、ここを境に東にヨーロッパ人街、西に中国人街が形成された。大連発祥の地とも言える青泥窪路は、現在では大型商店などの店舗がならぶ。

にぎわいを見せていた連鎖街

大連駅前の勝利広場とその西側には、日本統治時代、連鎖街と呼ばれるショッピング街がおかれていた。大連黎明期、大連駅は勝利橋の位置にあったが、今の場所に新たに建設されることが決まり、それにあわせるように1929年に日本人街の連鎖街が誕生した（青泥窪の窪地を埋めるように整備され、大連の街は西に拡大した）。三越が連鎖街の近くに出店するなど、戦前は多くの日本人でにぎわっていたが、今では再開発が進み、周囲には高層ビルが現れている。

遼寧省

天津街 天津街 tiān jīn jiē ティエンジンジエ ［★★☆］
大連駅の南側を線路に並行するように走る天津街。大連随一の繁華街として知られ、浪速町と呼ばれていた日本統治時代からの伝統をもつ。歩行者天国となっている通りの両脇には大型商店がならび、夜遅くまでにぎわいを見せる。

友好広場 友好広场
yǒu hǎo guǎng chǎng ユウハオグァンチャン ［★☆☆］
中山広場の西側に位置する円形の友好広場。中央に立つ3000枚ものガラスを利用した球体のモニュメントは、ロシ

▲左　天津街は大連随一の繁華街。　▲右　友好広場の中心に立つモニュメント

アとの友好を記念して1950年代に建てられた。日本統治時代には西広場と呼ばれ、広場周囲は旧プロテスタント教会など欧風建築も残っている。

駅北広場 站北广场
zhàn běi guǎng chǎng チャンベイグァンチャン [★☆☆]
大連駅の北側に広がる駅北広場。開発区がある金州新区へ伸びる快軌3号線の駅が位置するほか、各地からのバスも発着する。

劳働公園 劳动公园
láo dòng gōng yuán ラオドンゴンユェン ［★☆☆］

大連市街の中心に位置し、都市のなかの貴重な緑地となっている労働公園。1898年のロシア時代、自然の樹木を利用して整備された。日本統治時代の1926年、大連の西方向への拡大にともなって中央公園と呼ばれるようになり、プロ野球チームが試合を行なうこともあった。また大連はサッカーが盛んな街として知られ、労働公園にはサッカーボールのモニュメントが立っている。

▲左 簡体字で記された料理のメニュー。　▲右 なまこ、エビ、うに、ホタテなどが大連特味

大連観光塔 大连观光塔
dà lián guān guāng tǎ ダァーリエンガングァンタァ [★★☆]

労働公園にそびえる十二角形のプランをもつ大連観光塔。丘陵のうえにタワーが載り、その高さは360mになる。このタワーの展望台からは大連市街が一望できる。

西崗子 西岗子 xī gǎng zǐ シィガンズゥ [★☆☆]

日本統治時代に中国人街がおかれていた西崗子。遼寧省や山東省から集まった苦力（港湾労働などの肉体労働者）などが暮らした旧中国人街で、大連建設当時は青泥窪西のここが街

CHINA
遼寧省

の西外れにあたった。西崗子にあった中国人向け市場では、常時7500人、日曜日には1万人を超すほどのにぎわいをしていたという(大陸浪人の川島浪速が利権をもち、その売上げから旅順の粛親王家への経済援助を行なった)。

豊かな海産物

大連は豊かな海洋資源をもち、中国を代表する漁業の街として知られる。なまこ、エビ、うに、ホタテなどの多種多様の魚介類が陸揚げされ、海洋漁業が盛んなほか、養殖も行なわれている。街では海鮮料理を出す料理店も多い。

Guide,
Lu Xun Lu
魯迅路
城市案内

CHINA
遼寧省

中山広場から東に伸びる魯迅路
この通り沿いに満鉄本社がおかれ
その南側の南山麓には日本人街が広がっていた

魯迅路 鲁迅路 lǔ xùn lù ルゥシュンルゥ [★☆☆]
中山広場から東の三八広場に向けて伸びる魯迅路。ここはかつて満州の経営を行なった満鉄が本社を構えていた場所で、周囲には満鉄関連の建物がならんでいた。現在、この通りの東側を大連港と大連駅を結ぶ路面電車が走る。

大連図書館日本文献資料館 大连图书馆日本文献资料馆 dà lián tú shū guǎn rì běn wén xiàn zī liào guǎn ダァーリエントゥシュゥグァンリイベンウェンシャンチィリャオグァン [★☆☆]
旧満鉄本社の斜向かいに位置する大連図書館日本文献資料

館。ここは旧満鉄大連図書館がおかれていたところで、満鉄では鉄道を軸に、鉱山や農地の開発などさまざまな経営を行なったことから、調査研究が重要視され、日本企業に先んじて調査部がもうけられていた（初代総裁後藤新平の方針で、1907年に大連におかれた満鉄調査部の図書室をはじまりとする）。中国語資料、欧文の中国資料など中国各地の情報はじめ、多くの資料がここに収集され、植民地経営のための研究、調査に役立てられた。

【地図】市街東部

【地図】市街東部の [★★★]
- ☐ 大連満鉄旧跡陳列館（旧南満州鉄道株式会社本社本館）
  大连满铁旧迹陈列馆
  ダァーリエンマンティエジュウジイチャンリエガン
- ☐ 中山広場 中山广场 チョンシャングァンチャン

【地図】市街東部の [★★☆]
- ☐ 旧日本街 日本风情街 リーベンフェンチンジエ
- ☐ 旧大連ヤマトホテル 大连大和旅馆旧址
  ダァーリエンダァハァリュウグァンジュウチィ
- ☐ 大連港 大连港 ダァーリエングァン

【地図】市街東部の [★☆☆]
- ☐ 魯迅路 鲁迅路 ルゥシュンルゥ
- ☐ 人民路 人民路 レンミンルゥ
- ☐ 大連大学付属中山医院 大连大学附属中山医院
  ダァーリエンダァシュエフゥシュウチョンシャンイィユエン
- ☐ 旧大連取引所 大连取引所旧址
  ダァーリエンチュウインシュオジュウチィ

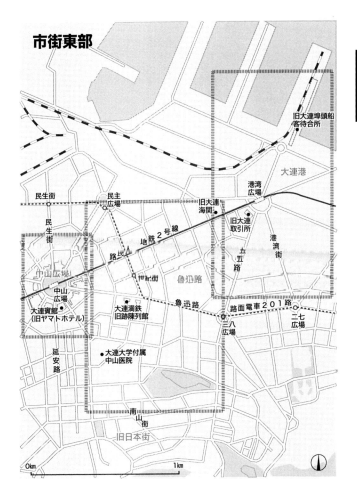

【地図】魯迅路

【地図】魯迅路の [★★★]

- ☐ 大連満鉄旧跡陳列館（旧南満州鉄道株式会社本社本館）
  大连满铁旧迹陈列馆
  ダァーリエンマンティエジュウジイチャンリエガン
- ☐ 中山広場 中山广场 チョンシャングァンチャン

【地図】魯迅路の [★☆☆]

- ☐ 魯迅路 鲁迅路 ルゥシュンルゥ
- ☐ 大連図書館日本文献資料館 大连图书馆日本文献资料馆
  ダァーリエントゥシュウグァンリイベンウェンシャンチィリャオグァン
- ☐ 人民路 人民路 レンミンルウ
- ☐ 大連大学付属中山医院 大连大学附属中山医院
  ダァーリエンダァシュエフゥシュウチョンシャンイィユエン

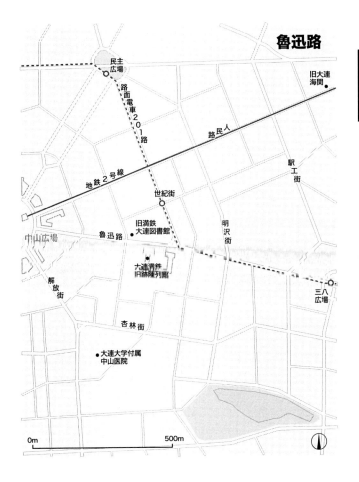

遼寧省

大連満鉄旧跡陳列館（旧南満州鉄道株式会社本社本館）
大连满铁旧迹陈列馆
dà lián mǎn tiě jiù jì chén liè guǎn
ダァーリエンマンティエジュウジイチャンリエガン[★★★]

日露戦争に勝利した日本は、ロシアから大連をはじめとする関東州と東清鉄道の南半分を譲り受け、植民地経営にあたることになった。満鉄（南満州鉄道株式会社）は半官半民の国策会社として1906年に誕生し、1945年の終戦まで、鉄道をはじめ満州の炭鉱や農地の開発、学校や病院、道路、港の整備、リゾート地やホテル、遊園地の経営、ゴミの収集などありとあらゆる部門の経営を行なった（満鉄王国や満鉄コンツェル

▲左　日本時代に建てられた大連図書館日本文献資料館。　▲右　ここに満鉄の本社がおかれていた、大連満鉄旧跡陳列館

ンと呼ばれる満鉄の初代総裁には台湾総督府民政長官をつとめた後藤新平がついた)。1945年の終戦時には中国人や韓国人をふくめて20万人の従業員を抱え、長春、ハルビンから満州奥地まで事業を展開するなかで、本社が大連におかれていた。この旧満鉄本社はロシア統治時代の学校だった建物が転用されたもので、現在、大連満鉄旧跡陳列館として開館し、当時の資料や写真が展示されている。

CHINA
遼寧省

満州を経営する鉄道会社

日露戦争で関東州(遼東半島)を獲得した日本は、イギリスやアメリカ、清国の抗議もあって、軍政ではなく株式会社のかたちをとって植民地経営にあたることになった。イギリス東インド会社やロシアの東清鉄道を参考にして満鉄の組織がつくられ、社会、経済、軍事などに影響力をもつ鉄道事業を中心に都市のインフラを担当した。満鉄を構想した児玉源太郎には、日露戦争初期からこの考えがあったと言われ、満鉄の収益は、撫順の炭鉱、満州の大豆の輸出などであげられた(また本国との複雑な力関係が続くことになった)。

▲左 旧満鉄本社の廊下。多くの日本人が勤務した。　▲右 満鉄によって開発されたリゾート地星が浦（現星海）

大連に集まる人・金・もの

長いあいだ東北地方では、遼河を使ったジャンク船による運搬が大動脈となっていて、その河口にあたる営口が東北随一の海港だった。営口の水深が浅く、冬の一時期、利用ができなくなるのに対して、大連は天然の良港だったため、東清鉄道を敷いたロシア、また日本も大連に物資や金が集まる政策をとった。鉄道路線は大石橋で営口と大連にわかれ、大石橋から近くの営口と、はるかに遠い大連への運賃をほぼ均等にし、満州奥地からの物資が大連に集まるようにした（実際には240kmの差があった）。こうして大連への物資の集散が進

CHINA
遼寧省

み、やがて営口の取り扱い額を超え、東北随一の港町へと成長した。

人民路 人民路 rén mín lù レンミンルウ ［★☆☆］
物資の輸出入が行なわれる大連港と中山広場を結ぶ人民路。この街を代表する通りのひとつで、かつて三井物産や三菱商事といった商社の支店があった（日本統治時代の大連では、町名や通り名に軍人の名前がつけられていて、人民路は山県通りと呼ばれていた）。

Dalian City　魯迅路城市案内

大連のロシア人

日本統治時代の大連には、軍服を着てパンを売るロシア人の姿やダンスホールで踊るロシア人の姿が見られたという（山県通りではダンスホールのボンベイが営業していた）。それらはロシア革命が起きたことで、ハルビンや大連、上海などに逃れた白系ロシア人で、冬の冷え込みが厳しい大連ではロシア仕込みの暖炉ペチカや石炭ストーブが利用されていた。

遼寧省

大連大学付属中山医院 大连大学附属中山医院
dà lián dà xué fù shǔ zhōng shān yī yuàn ダァーリエンダァシュエフゥシュウチョンシャンイィユェン [★☆☆]

満鉄本社の南側に立つレンガづくりの大連大学付属中山医院。ここは1926年に開業した旧満鉄大連医院跡で、現在も当時の建物が利用されている（満鉄大連医院は病床数や充実した設備から、当時、東洋一の病院と呼ばれていた）。

▲左 多くの荷物を運ぶ人に出会った。　▲右 満鉄によってつくられた病院、現在は大連大学付属中山医院

旧日本街 日本风情街
rì běn fēng qíng jiē リーベンフェンチンジエ ［★★☆］

大連市街を見おろすゆるやかな丘陵地の南山麓は、大連に進出した日本人が暮らしていたところで、現在は旧日本人街として整備されている。かつて近江町と呼ばれ、満鉄によって高級住宅地として開発された経緯がある（ロシア時代に高級住宅地として予定されたが、中国人苦力によるスラム街が形成されていた。そのため中国人を西崗子に移住させて開発されることになった）。日本の民間人の大連進出は、日露戦争中から制限つきではじまり、多くの日本人が大連に移住した。

CHINA
遼寧省

レンガづくりの建物に不慣れな日本人は、畳を敷くなどして生活していたという。旧日本人街では、当時の日本人街を思わせる日本式の家屋がならび、日本料理店なども営業している。

哀愁と、憧憬と
1945年の終戦のとき、大連には20万人近い日本人が暮らしていた。航路、陸路を使って多くの日本人がこの街を訪れ、日本内地よりも文明的な暮らしができる大連の「ハイカラ」なイメージが定着していた。日本のそれよりもはるかに高い

▲左 戦前ここでは内地よりも快適な生活ができたといっ、旧日本街。　▲右 旧日本人街では日本料理店が散見できる

給与水準をもった満鉄社員の社宅では、水洗トイレが整備され、子ども向けの個室も一般的だった。またジャパン・ツーリスト・ビューロー（現在のJTB）が『旅行満洲』を発行して修学旅行生が訪れ、大連でもプロ野球満州リーグや大相撲の巡業が行なわれていた。

旧東本願寺 东本愿寺旧址 dōng běn yuàn sì jiù zhǐ
ドンベンユゥァンスージュウチィ ［★☆☆］

瓦がふかれ、柱と梁による寺院建築のたたずまいを残す旧東本願寺（現在は大連京劇院）。日本植民地時代の大連には、

東本願寺のほかにも西本願寺も進出し、この建物は1933年に完成した。西本願寺があった場所は大連外国語大学となっているほか、南山麓には大連神社もおかれていた。

大連女子騎警基地 大连女子骑警基地
dà lián nǔ zǐ qí jǐng jī dì
ダァーリエンニュウズゥチイジンジィディ ［★☆☆］

大連女子騎警基地は、馬に乗ってパトロールを行なう女性警官が勤務しているところ。中国随一の女性騎馬隊を意味する「華夏警花第一騎」と呼ばれる。

Dalian City 魯迅路城市案内

ファッションの街大連

大連は上海、北京とならぶファッションの街と知られ、大連の女性は平均的に背が高く、街にはモデル養成の学校も見られる。1988年以来、毎年、開かれているファッション・ショーの中国(大連)国際服装紡織品博覧会では、最新のファッションをまとった中国人モデルが登場するほか、デザイナー、中国進出を目指す海外ブランド、また中国のブランドが一堂に会する場所となっている。

Guide, Da Lian Gang
大連港
城市案内

CHINA 遼寧省

東北随一の港湾都市大連
港町大連では多くの魚が陸揚げされ
中国や世界中の港と往来するタンカーの姿がある

大連港 大连港 dà lián gǎng ダァーリエングァン [★★☆]
大連は東北地方随一の港湾機能をもち、上海、深圳、天津などとともに中国屈指の港町として知られる。東北地方の物資が集散されて大連港から運び出され、世界各地から大連港へ運ばれた物資が陸揚げされて内陸へ輸送されているほか、山東省など中国各地とフェリーで結ばれている。この港の建設がはじまったのは1899年のことで、青泥窪(大連)の地に注目したロシアは、大連を商業港、旅順を軍港とした。1906年以降の日本統治時代、満鉄のもとで埠頭や倉庫を増設するなど港湾機能が拡大され、やがて東北随一の港へと発展をと

げた。この大連港で陸揚げを担う中国人労働者苦力（クーリー）の様子は、夏目漱石が『満韓ところどころ』で触れるなど大連を象徴する光景でもあった（夏には１万人以上の苦力がこの港で働いていたという。おもに山東省からの移民が多かった）。また日本統治時代に建設された、5000人を収容できる旧大連埠頭船客待合所待合室などの建築が残っている。

【地図】大連港

【地図】大連港の ［★★☆］
- [ ] 大連港 大连港 ダァーリエングァン

【地図】大連港の ［★☆☆］
- [ ] 旧大連取引所 大连取引所旧址 ダァーリエンチュウインシュオジュウチィ
- [ ] 大連国際会議中心 大连国际会议中心 ダァーリエングゥオジイフイィィチョンシン
- [ ] 大連東港区 大连东港区 ダァーリエンドンガンチュウ
- [ ] 魯迅路 鲁迅路 ルゥシュンルゥ

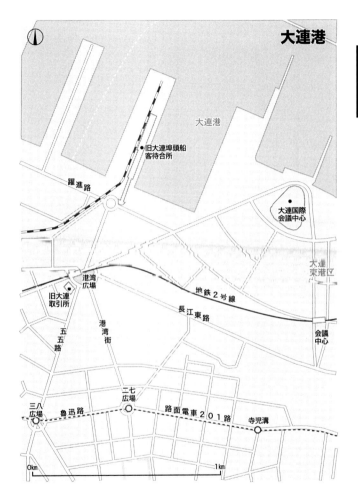

大連湾 大连湾 dà lián wān ダァーリエンワン ［★☆☆］

半島状となっている大連市街は三方向を海に囲まれていて、その北側が地名の由来となった大連湾となっている（大連湾という地名から、ロシアはダールニーという名前をつけたと考えられる）。大連湾をはさんで北側には、補助港として満鉄によって開発された甘井子、柳樹屯、またその北東の金州新区にはいくつもの港が整備されている。

▲左 日本統治時代に建てられた旧大連取引所。　▲右　多くの日本人が大陸への第一歩を記した大連港

旧大連取引所 大连取引所旧址
dà lián qǔ yǐn suǒ jiù zhǐ
ダァーリエンチュウインシュオジュウチィ ［★☆☆］

大連港のすぐそばに位置する港湾広場に面して立つ旧大連取引所。日本統治時代、官営の取引所として開館し、大連港からは東北地方で収穫された大豆や大豆油、豆粕、石炭などが輸出されていた（当時、満州は「大豆の国」と呼ばれ、とくに豆粕の量は、世界生産額の5割にあたったという）。銭、銀市場も併設され、時期に応じた取引が行なわれていた。

CHINA
遼寧省

日本と中国を結ぶ船

満州への表玄関の性格をもっていた大連は、多くの日本人にとって中国大陸への入口にもなっていた。日露戦争中から、大阪商船が大連への航路を扱うなど、大阪、神戸、門司からこの街への船が出ていた。昭和に入り、日本の大陸進出が盛んになると、船は1日1便のペースで出航し、はるぴん丸、うらる丸、香港丸、ばいかる丸、うすりい丸といった名前の船が往来した。大連港や待合室では山東省から出稼ぎに来る人の姿や、和服姿の女性の姿が見られた。

大連国際会議中心 大连国际会议中心
dà lián guó jì huì yì zhōng xīn
ダァーリエングゥオジイフイイィチョンシン［★☆☆］

大連港にのぞむ三角形の土地を利用して立つ大連国際会議中心。複雑な流線型の外観をもつ現代建築で、円形の会議場、コンサートが行なわれる大劇院が一帯となっている。商業見本市や国際会議などの会場として使われている。

遼寧省

大連東港区 大连东港区
dà lián dōng gǎng qū ダァーリエンドンガンチュウ [★☆☆]

大連市街東部の港に隣接する地域に広がる大連東港区。金融、情報テクノロジーなどをになう中央商務区（CBD）で、2010年代以降に開発が進んだ。中山広場や大連中心部から近い立地に優れ、超高層ビルが次々に建設されている。

Guide,
Ren Min Guang Chang
人民広場
城市案内

CHINA 遼寧省

中山広場から西に位置する人民広場
このあたりは大連の急速な発展を受けて
開発された地域で、今では市街中心部と一体化している

人民広場 人民广场
rén mín guǎng chǎng レンミングァンチャン [★☆☆]

大連市人民政府の前に広がる広大な人民広場。ここからは南側にそびえる大連観光塔や女性警官が交通整理を行なう様子が見られる。中山広場から西に離れたこの場所に巨大な公共施設があるのは、日本統治時代、大連の急速な発展で街区を西に伸ばしたことに由来する(1910年に5万人だった大連の人口は、1919年には11万人に増え、関東庁が街の拡大を決定した)。

人民広場城市案内

大連人民政府 大连人民政府
dà lián rén mín zhèng fǔ
ダァーリエンレンミンチャンフゥ ［★☆☆］

人民広場の北側に立つ大連人民政府（旧関東庁）。日本統治時代に建てられた関東庁の建物が利用されている。関東州の行政を担う関東庁は、関東州の管轄、満鉄線路の警備、満鉄の業務監督を行なっていた。1906年当初、旅順にあったが、より人口が増え、街の発展が期待できる大連に移された（関東とは山海関の東を意味し、遼東半島南端の関東州を中国から日本が租借していた）。

【地図】市街西部

【地図】市街西部の [★★☆]
- ☐ 大連駅 大连站 ダァーリエンチャン
- ☐ 星海広場 星海广场 シンハイグァンチャン

【地図】市街西部の [★☆☆]
- ☐ 人民広場 人民广场 レンミングァンチャン
- ☐ 大連人民政府 大连人民政府 ダァーリエンレンミンチャンフゥ
- ☐ 沙河口 沙河口 シャハァコウ
- ☐ 正仁街 正仁街 チェンレンジエ
- ☐ 西安路 西安路 シイアァンルゥ
- ☐ 西崗子 西岗子 シィガンズゥ

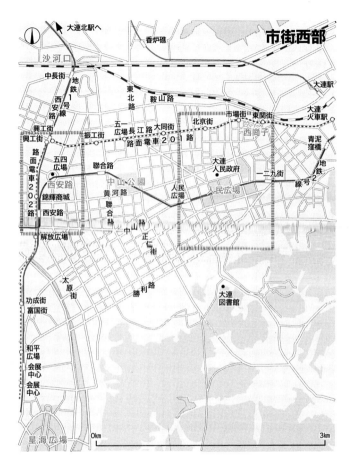

【地図】人民広場

【地図】人民広場の ［★☆☆］
- [ ] 人民広場 人民广场 レンミングァンチャン
- [ ] 大連人民政府 大连人民政府 ダァーリエンレンミンチャンフゥ
- [ ] 旧満鉄中央試験所 满铁中央试验所旧址 マンティエチョンヤンシィヤンシュオジュウチィ
- [ ] 正仁街 正仁街 チェンレンジエ

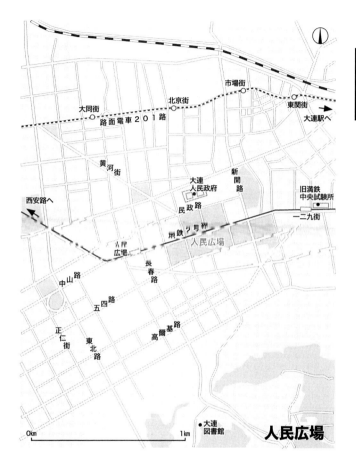

遼寧省

旧満鉄中央試験所 满铁中央试验所旧址
mǎn tiě zhōng yāng shì yàn suǒ jiù zhǐ
マンティエチョンヤンシィヤンシュオジュウチィ [★☆☆]

満州経営を行なった満鉄が重要視した理化学系の調査、研究開発部門がおかれていた旧満鉄中央試験所（1907年に関東都督府の機関として設けられ、1910年に満鉄に移管された）。満州における石炭や鉄鋼の分析などの工業、製塩法や地質調査、水質試験法、大豆関連などさまざまな分野の研究や実験が行なわれていた。ここであげられた成果は、満州各地に応用され、また戦後、その技術は日本の企業にも受け継がれる

▲左　人民広場前の女性警官、交通整理を行なう。　▲右　美しい芝生がしかれた人民広場

ことになった。

沙河口 沙河口 shā hé kǒu シャハァコウ ［★☆☆］

大連を走るふたつの路面電車が交わる地点に位置する沙河口。ここは満鉄の鉄道工場が操業していた場所で、初代総裁後藤新平の方針で、市街の発展を阻害しないよう中山広場から5km西に建設されたことをはじまりとする（1911年に建設され、満鉄特急あじあ号もここで製造された。当時は農地が広がっていた）。現在では市街と一体化し、大型店舗などがならぶ繁華街となっている。

遼寧省

正仁街 正仁街 zhèng rén jiē チェンレンジエ ［★☆☆］

1898年にロシアによる大連の都市建設がはじまったとき、パリを意識した街区が設計され、並木通りにはアカシア（ニセアカシア）が植えられた。この大連のアカシアは5月に美しい花を咲かせ、その香りがただよう様子から「アカシアの大連」として親しまれた。正仁街には現在でもアカシアの並木が残り、「槐花大道」（アカシア大通り）と呼ばれている。

西安路 西安路 xī ān lù シイアァンルウ

大連西部を南北を走る通り沿いに大型店舗がずらりとならぶ西安路。天興羅斯福国際大廈、尚街里時尚購物中心、錦輝購物広場、福佳新天地広場などが集まり、大連屈指の繁華街となっている。地鉄１号線と２号線、ふたつの路面電車が集まる街のへそにあたり、東の中山広場と北の大連北駅、南の星海広場を結ぶ。

【地図】西安路の [★☆☆]
☐ 西安路 西安路シイアァンルウ

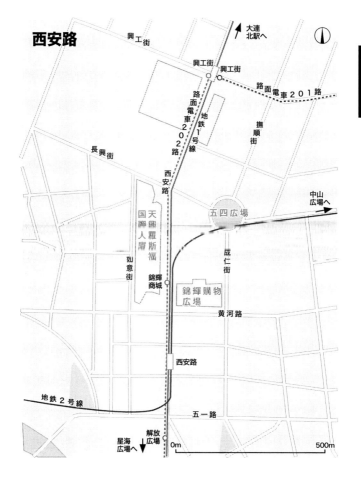

【MEMO】

Guide, Xing Hai
星海
城市案内

満鉄が開発したリゾート地星が浦
今では星海と名前を変え
路面電車が大連市街と星海を結んでいる

星海広場 星海广场
xīng hǎi guǎng chǎng シンハイグァンチャン [★★☆]

星海広場は、大連市街から南西の星海湾に面したアジア最大規模の面積をほこる巨大な公園。もともとこの地を開発した満鉄のリゾート地星が浦を前身とし、別荘地、公園、海水浴場が整備され、満鉄経営のリゾートホテル（ヤマトホテル）もあった。香港返還の1997年に現在の姿となり、公園中央の華表は19.97mとなっている。世界へ情報を発信する国際会展中心、大連現代博物館などが周囲に立ち、夏には南側の砂浜で多くの人が海水浴を楽しむ多くの人でにぎわう。また

【地図】星海

【地図】星海の [★★☆]
- [ ] 星海広場 星海广场 シンハイグァンチャン

【地図】星海の [★☆☆]
- [ ] 星海街 星海街 シンハイジエ
- [ ] 黒石礁 黑石礁 ヘイシィジャオ
- [ ] 大連自然博物館 大连自然博物馆 ダァーリエンズゥランボォウグァン
- [ ] 西安路 西安路 シイアァンルウ

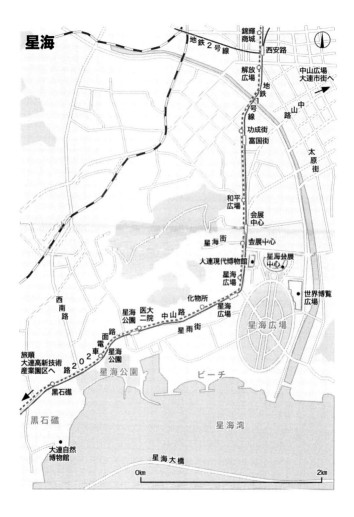

▲左 日本の表札跡も残っている星海街。 ▲右 夏は海水浴客でにぎわう星海

西側には聖亜海洋世界などの遊園地もある。

星海街 星海街 xīng hǎi jiē シンハイジエ ［★☆☆］

星海広場の北西に位置する星海街は、日本統治時代の高級住宅地跡。現在でも日本風の一戸建てが見られる（高級リゾート地星が浦は満鉄によって開発され、路面電車で大連市街と結ばれていた）。

黒石礁 黑石礁 hēi shí jiāo ヘイシィジャオ ［★☆☆］

星海広場の西側に続く海岸、黒石礁。黒石礁という名前は、

【MEMO】

CHINA
遼寧省

大熊と大ダコが戦ったとき、タコが墨をはいて海中に逃れ、その墨で岩が黒くなったことに由来すると伝えられる。このあたりは日本統治時代に高級住宅地として開発され、中国人の富裕層や恭親王などの皇族も家を構えていた。

大連自然博物館 大连自然博物馆 dà lián zì rán bó wù guǎn
ダァーリエンズゥランボォウゥグァン ［★☆☆］

動植物の標本や海洋生物、恐竜の骨などの展示が見られる大連自然博物館。もともと大連駅の東側（旧大連市政府大楼）にあったが、黒石礁に移された。

大連高新技術産業園区 大连高新技术产业园区
dà lián gāo xīn jì shù chǎn yè yuán qū ダァーリエンガオシンジィシュウチャンイェユェンチュウ［★☆☆］

大連市街の西側につくられた大連高新技術産業園区。大連ソフトウェアパークとも言われ、ソフトウェア関係の外資系企業が多く集まり、データ入力、コールセンター業務などが行なわれている。周囲には大学が多く、人材の供給面でも利点が高い。

【地図】大連高新園区の [★☆☆]

- 大連高新技術産業園区 大连高新技术产业园区
  ダァーリエンガオシンジィシュウチャンイェユェンチュウ

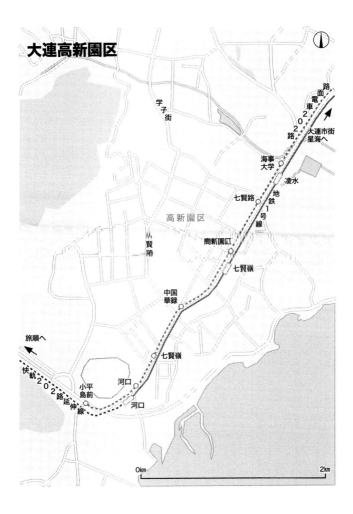

Guide,
Da Lian Jiao Qu
大連郊外
城市案内

CHINA
遼寧省

三方向を海に囲まれた大連の街
美しい自然が残り
夏には海水浴をする人々などでにぎわいを見せる

老虎灘 老虎滩 lǎo hǔ tān ラオフゥタン ［★☆☆］

老虎灘は大連市街南東の海岸で、美しい景観が広がっている。地名の由来となった虎の彫刻が立つほか、動物園や海洋公園などの施設も位置する。

棒錘島 棒棰岛 bàng chuí dǎo バンチュイダオ ［★☆☆］

大連市街東の洋上に浮かぶ棒錘島。島の外観が洗濯棒を思わせることから、「棒錘島（棒でたたく島）」と名づけられた。あたりには美しい景観が広がる。

▲左　騎馬に乗ってパトロールする女性警官の姿は大連ならでは。　▲右　周水子国際空港、大連の玄関口となる

大連周水子国際空港 大连周水子国际机场
dà lián zhōu shuǐ zǐ guó jì jī chǎng
ダァーリエンチョウシュイズゥグゥオジィジイチャン [★☆☆]

市街北西に位置する大連周水子国際空港。ここは日本統治時代の20世紀初頭から軍用の飛行場として使われていた歴史があり、中華人民共和国成立以後、国際空港となった。

遼寧省

甘井子 甘井子 gān jǐng zǐ ガンジンズゥ ［★☆☆］
大連湾をはさんで大連市街の対岸に位置する甘井子。石炭、重量貨物の積み出しを行なう大連港の補助港として、満鉄によって開発され、このあたりには戦前、日本人街があった。

営城子壁画墓 营城子壁画墓 yíng chéng zǐ bì huà mù インチャンズゥビィファムゥ ［★☆☆］
大連郊外に残る後漢代の営城子壁画墓。漆喰のうえに描かれた貴重な壁画は、日本統治時代の1931年に発見された。

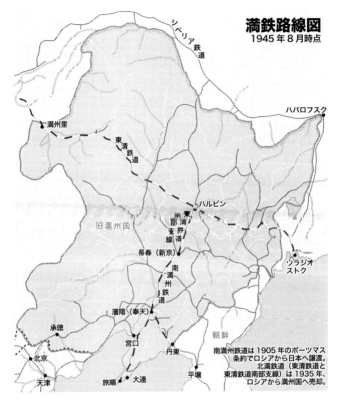

満鉄路線図
1945年8月時点

南満州鉄道は1905年のポーツマス条約でロシアから日本へ譲渡。北満鉄道（東清鉄道と東清鉄道南部支線）は1935年、ロシアから満州国へ売却。

満鉄のロゴ
「M」と線路がモチーフ

満州を経営した株式会社

CHINA
遼寧省

鉄道から鉱山、製鉄、ホテル、リゾート
40年間のあいだでありとあらゆる事業を展開し
満州経営を行なった巨大コンツェルン満鉄

日本の大連進出

1895年、日本は日清戦争で遼東半島を獲得したが、三国干渉によって返還をよぎなくされ、「臥薪嘗胆」の言葉とともにロシアとの戦争の機運が高まっていた（三国干渉後、ロシアは遼東半島を清国から租借した）。日露戦争が勃発すると初期の1904年5月に日本は大連を占領し、旅順攻防戦、奉天会戦、日本海海戦などの激戦を制して、1905年、ポーツマス条約で関東州と東清鉄道の南半分を獲得した。1906年、旅順に関東都督府が、11月には東京に「満鉄」こと南満州鉄道株式会社がもうけられ、植民地経営にあたった（大連か

Dalian City 満州を経営した株式会社

ら新京までの沿線両側に満鉄附属地があり、関東軍が警備を担当した)。この植民地経営最大の特徴は、満鉄が株式会社のかたちをとったことで、日露戦争で国家予算の6倍の戦費を使ったことも影響して、満鉄は2億円の資本金のうち、国が半分の1億、民間が1億を出資することで設立された。満鉄の初代総裁には台湾で植民地経営の成果をあげていた後藤新平がつき、やがて本社は大連に遷された。

遼寧省

国家のような巨大コンツェルン

満鉄はイギリス東インド会社やロシアの東清鉄道をモデルにつくられたと言われる。後藤新平はとくに調査研究を重視し、その結果から計画を立てて実施した。鉄道を中心に、都市計画から炭鉱、病院、ホテル、学校、映画、上下水道の整備まで社会、教育、学術などありとあらゆるインフラを担当し、満鉄は巨大コンツェルンへと成長していった。この満鉄を中心に財源の確保にあたったのが、横浜正金銀行と日本興業銀行で現在でも中山広場などでその面影を見ることができる。当初、満鉄社員の地位は関東軍よりもはるかに高く、1931

▲左　大連市街を走る路面電車。　▲右　この街のシンボルのひとつ大連世界貿易大厦

年の満州事変後に満州国が建国されたあとも、満鉄の資本や人材が満州経営をになった。1906年に満鉄が創立されたとき、703kmしかなかった路線は1945年には1万kmにまで伸び、東北地方は中国でももっとも鉄道が発達した地域になった（清朝発祥の地として20世紀まであまり開発されていなかったが、満鉄によって開発が進んだ）。

満鉄が残した遺産

戦前の満州で培われた技術や人材は、戦後の日本で大きな貢献を果たすことになった。満鉄が開発した大連と長春の701

CHINA
遼寧省

kmを走った特別急行列車あじあ号の技術が新幹線に生かされ、満州国建国後、ソ連の第一、第二次五カ年計画に対抗するかたちで満州国産業開発五カ年計画を指導した官僚岸信介が戦後、首相につき、そのシステムをもとに高度経済成長を実現させた。トヨタ生産方式を生み出した大野耐一、『アカシアの大連』を記した芥川賞作家清岡卓行、映画監督山田洋次らは大連で少年時代を過ごし、満州の地で行なわれたことが、戦後日本の復興と経済成長につながったという。

Dalian City

満州を経営した株式会社

参考文献

『図説大連都市物語』(西沢泰彦 / 河出書房新社)

『大連市史』(大連市編 / 大連市)

『全調査東アジア近代の都市と建築』(筑摩書房編 / 大成建設)

『横浜正金銀行』(土方晋 / 教育社)

『銀行』(渡辺佐平・北原道貫 / 現代日本産業発達史研究会)

『満鉄四十年史』(満鉄会 / 吉川弘文館)

『満鉄とは何だったのか』(山田洋次・藤原良雄 / 藤原書店)

『満鉄に生きて』(伊藤武雄 / 勁草書房)

『世界大百科事典』(平凡社)

[PDF] 大連地下鉄路線図 http://machigotopub.com/pdf/dalianmetro.pdf

[PDF] 大連空港案内 http://machigotopub.com/pdf/dalianairport.pdf

[PDF] 大連路面鉄道路線図 http://machigotopub.com/pdf/dalianromen.pdf

まちごとパブリッシングの旅行ガイド
Machigoto INDIA , Machigoto ASIA , Machigoto CHINA

【北インド - まちごとインド】

001 はじめての北インド
002 はじめてのデリー
003 オールド・デリー
004 ニュー・デリー
005 南デリー
012 アーグラ
013 ファテープル・シークリー
014 バラナシ
015 サールナート
022 カージュラホ
032 アムリトサル

【西インド - まちごとインド】

001 はじめてのラジャスタン
002 ジャイプル
003 ジョードプル
004 ジャイサルメール
005 ウダイプル
006 アジメール（プシュカル）
007 ビカネール
008 シェカワティ
011 はじめてのマハラシュトラ
012 ムンバイ
013 プネー
014 アウランガバード
015 エローラ
016 アジャンタ
021 はじめてのグジャラート
022 アーメダバード
023 ヴァドダラー（チャンパネール）
024 ブジ（カッチ地方）

【東インド - まちごとインド】

002 コルカタ
012 ブッダガヤ

【南インド - まちごとインド】

001 はじめてのタミルナードゥ
002 チェンナイ
003 カーンチプラム
004 マハーバリプラム
005 タンジャヴール
006 クンバコナムとカーヴェリー・デルタ
007 ティルチラパッリ
008 マドゥライ
009 ラーメシュワラム
010 カニャークマリ
021 はじめてのケーララ
022 ティルヴァナンタプラム
023 バックウォーター（コッラム〜アラップーザ）
024 コーチ（コーチン）
025 トリシュール

【ネパール - まちごとアジア】

001 はじめてのカトマンズ
002 カトマンズ
003 スワヤンブナート

004 パタン
005 バクタプル
006 ポカラ
007 ルンビニ
008 チトワン国立公園

【バングラデシュ - まちごとアジア】

001 はじめてのバングラデシュ
002 ダッカ
003 バゲルハット（クルナ）
004 シュンドルボン
005 プティア
006 モハスタン（ボグラ）
007 パハルプール

【パキスタン - まちごとアジア】

002 フンザ
003 ギルギット（KKH）
004 ラホール
005 ハラッパ
006 ムルタン

【イラン - まちごとアジア】

001 はじめてのイラン
002 テヘラン
003 イスファハン
004 シーラーズ
005 ペルセポリス
006 パサルガダエ（ナグシェ・ロスタム）
007 ヤズド
008 チョガ・ザンビル（アフヴァーズ）
009 タブリーズ

010 アルダビール

【北京 - まちごとチャイナ】

001 はじめての北京
002 故宮（天安門広場）
003 胡同と旧皇城
004 天壇と旧崇文区
005 瑠璃廠と旧宣武区
006 王府井と市街東部
007 北京動物園と市街西部
008 頤和園と西山
009 盧溝橋と周口店
010 万里の長城と明十三陵

【天津 - まちごとチャイナ】

001 はじめての天津
002 天津市街
003 浜海新区と市街南部
004 薊県と清東陵

【上海 - まちごとチャイナ】

001 はじめての上海
002 浦東新区
003 外灘と南京東路
004 淮海路と市街西部
005 虹口と市街北部
006 上海郊外（龍華・七宝・松江・嘉定）
007 水郷地帯（朱家角・周荘・同里・甪直）

【河北省 - まちごとチャイナ】

001 はじめての河北省
002 石家荘
003 秦皇島
004 承徳
005 張家口
006 保定
007 邯鄲

【江蘇省 - まちごとチャイナ】

001 はじめての江蘇省
002 はじめての蘇州
003 蘇州旧城
004 蘇州郊外と開発区
005 無錫
006 揚州
007 鎮江
008 はじめての南京
009 南京旧城
010 南京紫金山と下関
011 雨花台と南京郊外・開発区
012 徐州

【浙江省 - まちごとチャイナ】

001 はじめての浙江省
002 はじめての杭州
003 西湖と山林杭州
004 杭州旧城と開発区
005 紹興
006 はじめての寧波
007 寧波旧城
008 寧波郊外と開発区
009 普陀山
010 天台山
011 温州

【福建省 - まちごとチャイナ】

001 はじめての福建省
002 はじめての福州
003 福州旧城
004 福州郊外と開発区
005 武夷山
006 泉州
007 厦門
008 客家土楼

【広東省 - まちごとチャイナ】

001 はじめての広東省
002 はじめての広州
003 広州古城
004 天河と広州郊外
005 深圳（深セン）
006 東莞
007 開平（江門）
008 韶関
009 はじめての潮汕
010 潮州
011 汕頭

【遼寧省 - まちごとチャイナ】

001 はじめての遼寧省
002 はじめての大連
003 大連市街
004 旅順
005 金州新区

006 はじめての瀋陽
007 瀋陽故宮と旧市街
008 瀋陽駅と市街地
009 北陵と瀋陽郊外
010 撫順

【重慶 - まちごとチャイナ】

001 はじめての重慶
002 重慶市街
003 三峡下り（重慶〜宜昌）
004 大足

【香港 - まちごとチャイナ】

001 はじめての香港
002 中環と香港島北岸
003 上環と香港島南岸
004 尖沙咀と九龍市街
005 九龍城と九龍郊外
006 新界
007 ランタオ島と島嶼部

【マカオ - まちごとチャイナ】

001 はじめてのマカオ
002 セナド広場とマカオ中心部
003 媽閣廟とマカオ半島南部
004 東望洋山とマカオ半島北部
005 新口岸とタイパ・コロアン

【Juo-Mujin（電子書籍のみ）】

Juo-Mujin 香港縦横無尽
Juo-Mujin 北京縦横無尽
Juo-Mujin 上海縦横無尽

【自力旅游中国 Tabisuru CHINA】

001 バスに揺られて「自力で長城」
002 バスに揺られて「自力で石家荘」
003 バスに揺られて「自力で承徳」
004 船に揺られて「自力で普陀山」
005 バスに揺られて「自力で天台山」
006 バスに揺られて「自力で秦皇島」
007 バスに揺られて「自力で張家口」
008 バスに揺られて「自力で邯鄲」
009 バスに揺られて「自力で保定」
010 バスに揺られて「自力で清東陵」
011 バスに揺られて「自力で潮州」
012 バスに揺られて「自力で汕頭」
013 バスに揺られて「自力で温州」

【車輪はつばさ】
南インドのアイラヴァテシュワラ寺院には建築本体に車輪がついていて寺院に乗った神さまが人びとの想いを運ぶと言います。

・本書はオンデマンド印刷で作成されています。
・本書の内容に関するご意見、お問い合わせは、発行元の
　まちごとパブリッシング info@machigotopub.com までお願いします。

まちごとチャイナ
遼寧省003大連市街
～「満鉄」の面影偲んで [モノクロノートブック版]

2017年11月14日　発行

著　者	「アジア城市（まち）案内」制作委員会
発行者	赤松　耕次
発行所	まちごとパブリッシング株式会社
	〒181-0013　東京都三鷹市下連雀4-4-36
	URL http://www.machigotopub.com/
発売元	株式会社デジタルパブリッシングサービス
	〒162-0812　東京都新宿区西五軒町11-13
	清水ビル3F
印刷・製本	株式会社デジタルパブリッシングサービス
	URL http://www.d-pub.co.jp/

MP156

ISBN978-4-86143-290-3 C0326　　　Printed in Japan
本書の無断複製複写（コピー）は、著作権法上での例外を除き、禁じられています。